À M. Liard
Recteur de l'Académie de Paris
Hommage respectueux
Ch. Waddington-Kastus

De la Méthode Déductive.

*) G. St Ours. (2 Mai 1860.)

DE LA

MÉTHODE DÉDUCTIVE.

PARIS. — IMPRIMÉ PAR E. THUNOT ET Cⁱᵉ,
rue Racine, 26, près l'Odéon.

DE LA
MÉTHODE DÉDUCTIVE.

DISCOURS PRONONCÉ A LA SORBONNE,

LE JEUDI 11 DÉCEMBRE 1851,

POUR L'OUVERTURE DU COURS DE LOGIQUE,

PAR

CH. WADDINGTON-KASTUS,

Professeur agrégé de philosophie à la Faculté des lettres de Paris.

PARIS,

LIBRAIRIE PHILOSOPHIQUE DE LADRANGE,
41, RUE SAINT-ANDRÉ-DES-ARTS.

1852

DE LA
MÉTHODE DÉDUCTIVE.

Messieurs,

Il y a un an, à pareille époque, j'adressais de cette chaire un appel aux amis de la philosophie, en faveur d'une science beaucoup trop négligée parmi nous et qu'il était temps de remettre en honneur. Cet appel, j'ose le dire, a été entendu. Tous, vous m'avez accueilli et soutenu au premier jour par votre bienveillance, et plusieurs d'entre vous ont prêté jusqu'au bout leur attention à un enseignement de la nature la moins attrayante. Encouragé par ce début, dont le succès a dépassé mes souhaits les plus ambitieux, je me propose de poursuivre cette année des études commencées sous d'aussi heureux auspices.

Après une année entière consacrée à la théorie du syllogisme, j'avais formé le projet de vous entretenir dès aujourd'hui d'un sujet plus nouveau et à certains égards plus intéressant. Mais au moment d'aborder une partie moins aride de la logique, celle qui traite de la méthode d'induction, j'ai pensé qu'il était de mon devoir de prendre congé en quelque sorte d'Aristote et des *Analytiques*. Il n'est pas inutile d'ailleurs, lorsqu'on s'est imposé une tâche difficile et de longue haleine, de mesurer de temps en temps la partie de cette tâche que l'on croit avoir accomplie : on se rend mieux compte alors de ce qui reste à faire. Je vais donc aujourd'hui jeter avec vous un regard en arrière, moins pour vous rappeler des leçons trop imparfaites à mon gré, que pour vous rendre compte de mes premiers travaux dans cette chaire, où m'a fait monter l'heureux hasard d'un concours.

En vous exposant l'année dernière les nombreux avantages que procure l'étude de la logique, je m'efforçais de vous montrer quelle en est la véritable nature, dans quel esprit, suivant quelle méthode il convient de s'y appliquer. La logique, vous disais-je, n'a pas en vue la spéculation, mais la pratique ; elle ne se renferme pas, comme le veulent certains philosophes, dans le pur formel, c'est-à-dire dans un petit nombre de lois abstraites et sans application, ou dans de laborieuses minuties d'analyse que dédaigne la psychologie, et que la philosophie moderne a laissées de côté, parce qu'elle n'y a vu que des curiosités sans nul profit. Non, depuis qu'elle existe, la logique a un tout autre objet : ceux qui l'ont créée avaient la prétention, bien ou mal fondée, de donner au raisonnement des règles, de prescrire à la science une méthode, d'assigner à nos facultés intellectuelles leur meilleur emploi, en un mot d'imposer à l'esprit humain une discipline. Telles ont toujours été les attributions de l'art de penser, et de tout temps les philosophes ont cru à l'existence d'un tel art, même avant qu'on eût inventé le mot de logique pour le désigner. Les théologiens sont d'accord avec les philosophes pour reconnaître à l'homme le pouvoir de se conduire soi-même dans la recherche du vrai. Voici, entre autres, le témoignage de Bossuet : « Il y a, dit-il, deux sciences nécessaires à la vie humaine, dont l'une apprend ce qu'il faut savoir pour entendre la vérité, et l'autre ce qu'il faut savoir pour embrasser la vertu. Il paraît donc que la logique a pour objet de diriger l'entendement au vrai, et la morale de porter la volonté à la vertu (1). » La direction de notre entendement est en effet dans nos mains, si nous le voulons. Nous avons à choisir entre deux partis : ou d'abandonner au hasard la conduite de nos facultés, ou de nous en rendre maîtres et d'en prendre pour ainsi dire le gouvernement. Or il ne nous est pas permis d'hésiter, car nous avons le devoir de conserver et d'étendre le domaine de notre liberté, non-seulement pour être de plus en plus maîtres de nous-mêmes, mais surtout afin de tendre avec toutes nos forces réunies vers l'idéal de perfection qu'il nous a été donné de concevoir et, jusqu'à un certain point, de réaliser. Il ne dépend pas de nous d'être intelligents ; il dépend de nous de l'être comme il faut.

S'il est certain qu'il existe un art de penser régulièrement, il n'est pas moins évident que cet art doit reposer sur la description préalable de notre faculté de connaître ; en d'autres termes, la psychologie est le point de départ de la logique. Toute autre méthode serait indirecte, probablement inexacte, nécessairement incomplète. Le plus sûr moyen, le seul infaillible de faire avancer cette partie de la philosophie, aussi bien que toutes les autres, est d'y appliquer la psychologie.

Voilà ce que je vous disais l'année dernière ; et

---

(1) *Logique*, avant-propos (*OEuvres philosophiques de Bossuet*, publiées par M. de Lens, p. 279).

j'exprimais le vœu que les philosophes, en suivant cette méthode, fissent enfin sortir la science logique de son immobilité séculaire. Adresser aux autres une telle exhortation, c'était contracter un véritable engagement. On a donc le droit de me demander aujourd'hui, non pas si j'ai rempli ce beau programme (ce serait trop exiger), mais si j'ai été fidèle à mes propres maximes, et si, en mettant la main à l'œuvre, j'ai eu du moins le mérite d'être conséquent. C'est ce que je vais examiner avec vous, messieurs, en vous disant simplement ce que j'ai fait.

I.

Il fallait avant tout choisir le sujet sur lequel je ferais l'essai de la méthode psychologique, afin d'en montrer toute la puissance par le fait même. Mais à quelle partie de la logique convenait-il de m'attacher d'abord, sinon à celle qui a longtemps passé pour être la logique elle-même, c'est-à-dire à la théorie du raisonnement? Sans abonder dans le préjugé vulgaire qui borne l'art de penser à l'étude du syllogisme, il faut bien reconnaître qu'entre toutes les méthodes spéciales dont la logique possède une théorie, la plus ancienne, la plus célèbre et la mieux connue est la méthode déductive. Elle est encore à d'autres égards la plus digne d'attention. Si par exemple on considère les trois principaux groupes de sciences qui se peuvent distinguer d'après les procédés dont elles font usage: sciences de description, sciences d'induction, sciences de raisonnement, on trouvera non-seulement que le procédé déductif est l'unique et infaillible instrument de tout un ordre de sciences, de celles-là même qui passent pour les plus parfaites, mais de plus qu'il est l'auxiliaire indispensable de toutes les autres. Que deviendraient en effet tant d'hypothèses ingénieuses, si nous n'avions aucun moyen de les vérifier ou de les contrôler? Que ferait notre esprit des notions générales auxquelles il s'élève en partant de l'expérience, s'il ne pouvait redescendre de ces hauteurs dans la région des faits particuliers où nous vivons? Les grandes lois de la nature, si nous n'en pouvions tirer les conséquences, demeureraient des conceptions stériles. Toutes les sciences ont besoin de la déduction : pour les unes elle est tout ; pour les autres elle est la condition de leur utilité, puisqu'elle seule fait connaître les applications de leurs découvertes. Le raisonnement paraît donc être, à première vue, le procédé scientifique par excellence. La seule forme rigoureuse de ce procédé est, comme chacun sait, le syllogisme, lequel en matière scientifique s'appelle démonstration. Voilà par quel enchaînement d'idées je fus conduit à prendre pour sujet de mes leçons la théorie du syllogisme, et comme j'avais la bonne fortune de rencontrer dans cette partie de la logique un guide excellent, j'en profitai pour abriter mon inexpérience derrière le grand nom et l'autorité incontestée du premier logicien du monde. Je donnai à mes tentatives logiques la forme d'un commentaire sur les *Analytiques* d'Aristote ; et adoptant pour mon cours la division même de cet ouvrage, je traitai d'abord du syllogisme en général, puis du syllogisme démonstratif en particulier.

On s'étonne souvent, messieurs, de la longue domination d'Aristote et de sa logique. On se demande comment tant de philosophes, durant un si grand nombre de siècles, ont pu s'accorder à le prendre pour unique maître, répétant ses paroles et bornant leur ambition à le bien comprendre, pour être en état de l'expliquer à d'autres. Cela tient à bien des causes, et singulièrement à celle-ci, qu'Aristote est le seul philosophe qui se puisse enseigner. Où trouver ailleurs, au même degré que dans ses écrits, cette pensée sûre d'elle-même comme doit l'être celle d'un homme qui parle au nom de la vérité, ce ton net et ferme, ce style clair, énergique, magistral ? Aristote, dans sa manière savante, ne donne rien à l'imagination : il explique, il démontre ; il ne veut ni briller ni plaire ; il n'a qu'une passion, l'amour exclusif de la science. Sa gravité est rarement aimable, j'en conviens ; mais il y a toujours à s'instruire dans son commerce. Lorsque tant de qualités solides se trouvent réunies dans un homme avec le génie le plus vaste et le plus profond, elles ne peuvent pas ne pas exercer un grand empire sur les intelligences : plus on aime naïvement la vérité, plus on est disposé à s'incliner sous l'autorité d'un tel maître. Mais si Aristote a dû être enseigné dans une partie de la science, c'est dans celle-là surtout où sa supériorité est si bien reconnue qu'il l'a pour ainsi dire personnifiée en lui-même. Aussi nulle autorité humaine ne fut-elle jamais mieux assise ni plus légitime que celle d'Aristote en logique. Depuis le moyen âge, malgré la plus violente opposition, ce philosophe n'a pu être détrôné comme logicien. Seulement comme on a peu à peu cessé de le lire, on lui a fait une royauté solitaire. On l'admire encore beaucoup de nos jours, mais le plus souvent sur parole, et sans savoir au juste ce qu'on admire. Il n'était donc pas hors de propos de rappeler les principaux titres logiques d'Aristote dans un cours placé en quelque sorte sous son patronage.

D'abord, c'est Aristote qui a inventé le syllogisme. Ce fait, qui témoigne d'une si merveilleuse sagacité, a été vainement révoqué en doute par plusieurs savants des temps modernes. En vain ont-ils soutenu *à priori* qu'il serait inconcevable que l'esprit humain eût si longtemps ignoré le syllogisme. Eh quoi ? ne peut-on faire des syllogismes, comme ce bon M. Jourdain faisait de la prose, sans le savoir ? Qu'on ne s'y trompe pas : autre chose est raisonner ou même savoir qu'on raisonne, autre chose est connaître comment on raisonne : cette dernière connaissance n'a jamais été commune; elle ne l'est pas même aujourd'hui, et en fait, elle n'a pas été consignée par écrit avant Aristote, au moins en Grèce. Mais à défaut de la Grèce, n'y a-t-il pas l'Orient, l'Inde surtout, qui a produit tant de systèmes de philosophie à des dates inconnues, et qui aurait bien pu inventer et transmettre aux Grecs le syllogisme? Quelque invraisemblable que fût cette conjecture, elle a été assez longtemps en faveur dans le monde érudit, grâce à l'ignorance où l'on était relativement aux systèmes philosophiques de l'Orient. Mais enfin la lumière s'est faite. Depuis un quart de siècle, la philosophie sanscrite a été traduite et analysée dans les langues de l'Europe; on en connaît aujourd'hui tous les monuments et par leur nom et dans leurs traits principaux. Il a été ainsi constaté qu'un seul système de dialectique s'était produit dans l'Inde, le Nyâya de Gotama. Eh bien, cet ouvrage vient d'être soumis à une épreuve décisive par M. Barthélemy-Saint-Hilaire, qui avait déjà tant fait pour l'auteur de l'Organon, et qui lui a rendu un nouveau service en établissant d'une manière péremptoire que le Nyâya ne contient la description ni du syllogisme ni d'aucun argument qui y ressemble (1). La gloire d'Aristote en a été confirmée, et sa bonne foi est désormais au-dessus de toutes les attaques.

En effet, messieurs, il est arrivé à ce philosophe si sévère, à cet écrivain si grave et qui ne met jamais sa personne en cause, il lui est arrivé une fois de parler de lui-même : c'est à la fin de sa logique, et c'est précisément pour réclamer l'indulgence et la reconnaissance de la postérité en faveur de cette invention qu'il revendique d'une

---

(1) *Mémoires de l'Académie des sciences morales et politiques*, t. III, p. 223 et suiv.

manière formelle : « Avant nous, dit-il en termes exprès, il n'y avait absolument rien sur le syllogisme (1). » Au lieu de lui disputer avec une malveillance mesquine l'honneur qui lui était dû, n'aurait-on pas mieux fait, je vous le demande, de s'attacher à ses paroles ? on se serait épargné des recherches inutiles ; et j'ajoute qu'on aurait ainsi compris ce qui de toute autre manière est incompréhensible, savoir comment Aristote a pu être conduit à cette admirable découverte. Il n'était pas besoin pour cela d'aller en Orient pour exhumer des systèmes qu'il peut être intéressant d'étudier, mais qui sont sans valeur scientifique ; il n'était pas besoin non plus de remonter, avec Ramus et Gassendi, jusqu'à la logique par trop inédite de Prométhée. Non, pour expliquer Aristote et sa science, il suffit en général de tenir compte de deux choses, son génie d'abord, et ensuite les enseignements de son maître Platon. Il peut vous paraître singulier au premier abord que l'origine du syllogisme doive être cherchée dans les écrits du divin Platon, c'est-à-dire d'un homme ennemi du technique, amoureux de l'idéal, et dont le nom semble rappeler un poëte au moins autant qu'un philosophe. Mais songez-y bien : la philosophie n'est pas une science comme une autre ; elle a le privilége des conceptions les plus sublimes, et comme on l'a dit avec raison, elle ne consiste pas à savoir beaucoup, mais à se placer haut. De là vient qu'on peut très-bien être philosophe sans être tout à fait ce que le monde est convenu d'appeler un savant. Que Platon ait pris, si l'on veut, le côté poétique de la philosophie, et que dans ce sens il ait été plus philosophe que savant. Encore ne faut-il pas exagérer cette appréciation, quelque juste qu'elle puisse être. Platon a ses parties

---

(1) *Réfut. des soph*, épilogue.

sévères : l'auteur de la *République*, du *Phèdre* et du *Banquet* est aussi l'auteur du *Ménon*, du *Sophiste* et du *Parménide*. A côté de l'inspiration on rencontre chez lui la réflexion la plus profonde, et sa méthode dialectique repose sur plusieurs procédés encore très-imparfaits, mais employés avec une subtilité extrême, et dont il était possible de tirer parti pour la science; Aristote l'a bien prouvé, en faisant sortir de là sa logique tout entière. Le procédé de division dialectique en particulier est l'origine du syllogisme. Ceci, messieurs, n'est pas une conjecture téméraire de ma part, mais un fait dont j'ai cherché à me rendre compte, après l'avoir vu attesté par Aristote lui-même. Voici ses propres paroles au sujet de la division par genres et par espèces : « Cette méthode, dit-il, n'est qu'une bien faible partie de celle que nous venons d'exposer (1). » C'en est donc une partie, si faible qu'elle lui paraisse; et plus loin : « Ceux qui ont employé la division par genres n'ont pas compris comment on peut faire des syllogismes par ce moyen (2). » La division par genres et par espèces telle que l'enseignait et la pratiquait Platon, voilà donc l'unique antécédent du syllogisme ; c'est du moins le seul qu'Aristote ait avoué, et je m'assure qu'il paraîtra suffisant à quiconque prendra la peine de rapprocher des passages d'Aristote où se lisent ces déclarations, les dialogues de Platon qui donnent des exemples de sa méthode de division. Pour ma part, après avoir fait ce travail sur le *Sophiste*, je suis demeuré convaincu qu'il était possible et même facile avec un peu d'attention d'apercevoir le syllogisme en germe dans le procédé dialectique de Platon. Je crois avoir démontré

(1) *Premiers Analytiques*, l. I, ch. 31, § 1.
(2) *Ibid.*, § 2.

cette filiation que personne, s'il m'est permis de le dire, n'avait encore mise en lumière (1). Mais vous le savez, messieurs, en me livrant devant vous à ce travail d'après les indications d'Aristote lui-même, je ne prétendais diminuer en rien son mérite. Cette découverte ne nous paraît si simple, vous disais-je, que parce qu'il s'agit pour nous de comprendre et non d'inventer. D'ailleurs, la tâche fût-elle cent fois plus simple encore, Aristote ne peut-il pas dire comme Christophe Colomb : « Sans doute, il suffisait d'en avoir l'idée ! »

Cependant je ne me bornerai pas à cette réponse, parce que j'ai à cœur de vous faire apprécier toute la grandeur de l'œuvre logique d'Aristote. Bien d'autres avant lui, ou de son temps, ou après lui, ont imaginé ou décrit des formes d'argumentation. Pourquoi lui seul a-t-il cette gloire immense dans la théorie du raisonnement ? Il faut, pour s'en rendre compte, se rappeler ce qu'ont fait tous les autres logiciens. Qu'avaient donc fait les prédécesseurs et les contemporains d'Aristote ? Ils avaient inventé l'un un argument, l'autre un autre, celui-ci un argument loyal et celui-là un sophisme. Les plus habiles, ajoutant leurs propres inventions à celles de leurs devanciers, employaient indistinctement, au hasard et à la file, ces moyens d'argumentation, sans presque y mettre de différence et sans en apercevoir les ressemblances intimes, sans se douter enfin que toutes ces formes diverses n'étaient pour ainsi dire que les déguisements d'un seul et même procédé, le syllogisme, qu'il s'agissait de trouver et qu'ils n'ont point connu. Ce qu'ils n'avaient pu faire, Aristote l'a fait. Son génie et sa bonne fortune l'ayant mis en possession du syllogisme,

---

(1) Voir plus bas la Note sur ce sujet.

il a reconnu aussitôt que c'était l'argument premier, élémentaire, essentiel, qui était au fond de tous les autres; puis développant cette vue certaine et féconde, il a construit sur cette seule donnée toute une théorie et presque une science, présentée suivant sa méthode ordinaire d'exposition, qui est demeurée le modèle du genre, et qui consiste à embrasser d'abord son sujet par les notions les plus générales et les plus indéterminées, pour descendre de là, par une division savante, aux idées subordonnées, qui en donnent une connaissance plus exacte et plus précise. Ainsi, au début des *Premiers Analytiques*, on lit une définition générale, presque vague, du syllogisme; puis vient une étude de ses espèces ou figures, avec leurs subdivisions qu'on a depuis appelées *modes*, et, comme conséquence de cette étude, une définition plus précise, après que le syllogisme a été analysé sous toutes les formes qui lui sont propres, et dans toutes les hypothèses possibles, soit qu'il ait été construit avec des propositions communes, soit qu'il porte sur une matière nécessaire ou sur une matière contingente, soit enfin que les deux prémisses aient été empruntées à des matières différentes, et qu'elles soient l'une contingente, l'autre nécessaire, ou que l'une seulement appartienne à l'un de ces deux ordres de jugements, tandis que l'autre exprime une simple attribution, sans un caractère spécial de nécessité ou de contingence. Remarquez que dans chacune de ces hypothèses il y a trois figures à examiner, et dans chacune de ces figures, seize modes dont chacun a sa nature propre, les uns donnant une conclusion légitime d'une certaine espèce, les autres au contraire n'en pouvant pas fournir : ce qui est démontré pour chacun par plusieurs moyens. De là une complication extraordinaire, au milieu de laquelle Aristote se meut à l'aise et dont il sort sans fatigue, sans affaiblissement de sa forte pensée. Parmi tant de règles souvent minutieuses, mais par lesquelles on apprend à user du syllogisme et à n'en pas abuser, jamais chez lui la logique ne se confond avec la grammaire, comme chez les logiciens de Port-Royal par exemple. Un esprit philosophique préside à tous ces détails, les pénètre, leur imprime un tour sérieux et élevé, et les fait tous concourir à l'unité du système. Après cette description du syllogisme, où il est à la fois le plus savant, le plus complet et le plus sobre des logiciens, Aristote passe en revue tous les arguments connus et employés de son temps ; il soumet chacun d'eux à sa puissante analyse ; il y cherche, il y retrouve le syllogisme, et lui fait admirablement sa part. Or ce n'était pas chose facile que d'apporter dans un tel travail l'exactitude qu'il y a mise : car même après lui, que font les logiciens, j'entends les plus inventifs, Ramus, Arnauld, Gassendi et tant d'autres jusqu'à nos jours ? Tantôt ils étudient des syllogismes composés, sans y démêler le syllogisme simple, c'est-à-dire qu'ils ne vont pas aussi loin qu'Aristote dans la voie des simplifications légitimes ; tantôt au contraire, en le dépassant ils l'exagèrent, au point de ramener au syllogisme l'induction elle-même qu'Aristote en avait sagement distinguée, comme un procédé original et irréductible à tout autre.

Ainsi, messieurs, Aristote n'a pas seulement inventé le syllogisme ; il a de plus compris l'importance logique de sa découverte ; il a su, il a prouvé que tout raisonnement proprement dit, simple ou composé, quelle que fût sa forme apparente, s'exprimait en syllogisme ; dans une matière toute neuve, il a tout connu, tout prévu, tout classé avec une perfection qui n'a été égalée par aucun de ses successeurs. C'est déjà beaucoup sans doute; car, comme l'a fort bien dit M. de Rémusat, « cette théorie du syllogisme n'aurait servi à aucune découverte, qu'elle serait encore une rare découverte, et il en resterait pour la science que le mécanisme du raisonnement a été observé et décrit par Aristote d'une manière définitive, et que, joignant la pratique à la théorie, il a, en décomposant l'instrument de la démonstration, donné un exemple de démonstration que les sciences exactes peuvent envier à la philosophie (1). » Eh bien, Aristote ne s'en est pas tenu là, et il faut aller plus loin avec lui, si l'on veut comprendre cette vaste pensée qui remplissait Leibnitz lui-même d'admiration et qui l'effrayait peut-être, quand il s'écriait : *Profundissimus Aristoteles!*

Aristote ne s'est pas contenté de faire connaître le mécanisme du raisonnement; il a suivi sa découverte dans toutes ses applications à la vie et à la science, à la théorie et à la pratique, à la discussion, à l'enseignement, à l'art oratoire. Les *Analytiques* sont principalement destinés à montrer l'usage du syllogisme pour l'argumentation et pour la science.

Dans le discours (λόγος) qui devrait être un raisonnement suivi, le syllogisme se trouve compliqué d'une foule d'éléments qui lui sont plus ou moins étrangers : inductions, exemples, descriptions, périphrases, digressions et divagations de tout genre, sans parler des passions qui y jouent un si grand rôle. Indépendamment de ce mélange, le raisonnement revêt dans le langage des formes très-diverses et qui semblent souvent moins propres à l'exprimer qu'à le dissimuler. Il n'est pas toujours aisé de le reconnaître et de le remettre, pour l'apprécier,

---

(1) *Revue des Deux-Mondes*, 1840.

sous sa forme la plus simple et la plus rigoureuse ; il est surtout difficile de se défendre de tant de causes d'erreur soit dans l'expression, soit dans la pensée. Dans les *Premiers Analytiques*, Aristote, substituant aux exercices oratoires, sophistiques ou dialectiques, qui étaient pratiqués avant lui, l'argumentation plus solide qui repose sur le syllogisme, donne pour tout cela des conseils où il se montre plus exact qu'aucun grammairien, plus ingénieux qu'aucun rhéteur, plus subtil et plus rigoureux qu'aucun logicien.

Mais où il me paraît vraiment digne d'admiration, c'est lorsqu'il entreprend d'appliquer le syllogisme à la science. Je sais que des philosophes contemporains, abusant d'une distinction d'ailleurs légitime entre la pensée qu'ils appellent *forme* et l'objet pensé qu'ils appellent *matière*, font un crime à Aristote d'avoir traité de la démonstration en logique. Pour moi, qui soutiens que le logicien a le devoir de s'enquérir du vrai et du faux, du certain et du probable, je ne puis pas ne pas applaudir à cet heureux effort du génie qui, toujours préoccupé de la science, fait tout servir à ce but; qui sous une forme du langage saisit l'esprit lui-même ; qui enfin, dans ce syllogisme où les autres logiciens ne voient qu'un argument, sait découvrir une méthode. La méthode, voilà l'unique objet de l'auteur des *Analytiques*. Cette grande et belle théorie du syllogisme, par laquelle il était déjà si supérieur aux autres logiciens, n'est pour lui que la préface des *Derniers Analytiques*, c'est-à-dire de ce qu'on pourrait appeler son *Discours de la méthode*. Là seulement est sa pensée, toute sa pensée en logique ; là seulement on a l'explication des éloges par lesquels il exalte si souvent l'analytique, en la mettant sur le rang de la science première, de la métaphysique elle-même, suivant cet axiome de sa philosophie, que la démonstration et la chose démontrée sont identiques, ou, dans un langage plus moderne, que la méthode se confond avec la science. Nul ne l'a jamais mieux prouvé que celui qui fut tout ensemble le plus grand logicien et le plus grand savant des temps anciens. Aristote a-t-il eu raison d'estimer par-dessus tout son analytique, et d'y mettre sa gloire? Avant de répondre à cette question, messieurs, avant de décider si l'on doit le louer d'avoir aperçu dans le syllogisme la méthode démonstrative, rappelez-vous, je vous prie, qu'il a suffi d'une conception de ce genre pour immortaliser Bacon. Bacon, vous le savez, n'était pas un savant du premier ordre ; il a même très-incomplétement décrit l'induction ; mais il a senti, il a connu clairement que ce procédé était à lui seul toute une méthode, qu'il a préconisée avec la plus vive éloquence, et cette ardente exhortation a suffi à sa gloire. Plus heureux et plus fort que Bacon, Aristote a trouvé une méthode, et il nous l'a transmise. Il a exposé, dans une théorie aussi originale et plus profonde que celle du syllogisme, la nature et les espèces de la démonstration, les questions qu'elle traite et résout, ses éléments, ses conditions essentielles, les principes indémontrables qu'elle suppose ; puis, expliquant les rapports du syllogisme démonstratif et de la définition, il a fondé sur l'alliance de ces deux procédés la seule méthode régulière que l'antiquité ait connue, une méthode qui est le secret de tout son système et qui, entre ses mains, a créé plusieurs sciences.

Je ne vous parle, messieurs, que des *Analytiques*. Que serait-ce si, considérant l'ensemble des livres logiques d'Aristote, je m'attachais à faire ressortir l'ampleur sans égale de son entreprise ! Ici, les catégories, effort puissant pour réduire tous les termes de la pensée à dix genres principaux qui n'ont pas encore été remplacés ; là, le premier essai méthodique de grammaire générale ; ailleurs, le syllogisme et la démonstration, dont je viens de vous entretenir ; puis les *Topiques*, arsenal de la rhétorique, chef-d'œuvre de sagacité, prodigieux répertoire d'idées et d'aperçus ; plus loin une division des sophismes qui est demeurée classique ; le tout disposé dans un ordre parfait, en allant du simple au composé : d'abord l'idée simple avec le mot qui l'exprime, puis le jugement et la proposition qui en résultent, enfin le syllogisme, composé de propositions, comme la proposition est composée de termes simples ; et après la théorie, la pratique, c'est-à-dire le syllogisme en toute matière, nécessaire, probable ou douteuse. Comment vous dire d'une manière suffisante l'étendue de l'ensemble et la perfection des parties, la simplicité savante du plan, la rigueur de cette méthode appliquée à s'analyser et à se démontrer elle-même, ce style enfin si ferme, si clair, si précis, qui a fondé la prose didactique et qui a si bien incorporé le langage technique d'Aristote aux plus hautes parties de la science et de la littérature, que la connaissance de sa terminologie a été presque jusqu'à nos jours un complément indispensable des études libérales !

Quand on songe à la puissance d'esprit dont témoigne une telle œuvre, on s'étonne un peu moins de l'influence extraordinaire qu'elle a exercée pendant vingt-deux siècles. La logique d'Aristote, commentée par les Grecs, par les Romains, par les Arabes, par les nations civilisées du moyen âge, a répandu partout, avec la connaissance profonde de la plupart de nos opérations intellectuelles, un esprit de règle et de forte discipline, les habitudes et le langage de la science, et, par-dessus tout cela, l'amour austère de la vérité, que partout Aristote propose pour but à notre activité comme sa récompense la plus haute. Je compte cela dans les services rendus à l'esprit humain : tant de générations élevées dans une si noble croyance compensent bien quelques erreurs commises en physique. On a quelquefois reproché à Aristote le titre ambitieux d'*Organon* qu'il aurait donné à sa logique. Ce titre n'est pas de lui, quoiqu'il fût peut-être dans sa pensée la plus secrète : l'Organon n'a été ainsi nommé vulgairement qu'à partir du xiv° siècle (1), après qu'à cette école eurent été formés les Abailard et les saint Thomas d'Aquin. Ce titre restera, comme le témoignage de la reconnaissance de tant de philosophes et de tant de générations pour qui le chef-d'œuvre logique a été en effet le seul moyen de science, le seul organe de la vérité philosophique. L'humanité tout entière s'associera à cette reconnaissance, en consacrant un nom si bien mérité.

Au souvenir de tous ceux dont Aristote a été l'oracle pendant un si grand nombre de siècles, je pourrais ajouter le récit des tentatives qui ont été faites par ses adversaires pour renverser ou pour modifier les indestructibles théories du syllogisme et de la démonstration. Je ne veux pas insister sur la pauvreté de ces essais, quoiqu'elle prouve une fois de plus la supériorité d'Aristote. Inventeur du syllogisme, il en a porté la théorie à une telle perfection, que tout le monde l'a acceptée de lui, et que personne n'y a rien pu changer de considérable. Inventeur d'une méthode régulière de science, il l'a exposée avec une telle autorité, qu'elle n'a subi jusqu'à nos jours aucune modification.

(1) B. Saint-Hilaire, *Mémoire sur la logique d'Aristote*, t. I, p. 13 et suiv.

Aristote paraît donc avoir en logique le double privilége de l'exactitude et de l'originalité. Son mérite éminent est de nous représenter le côté scientifique de la philosophie, comme Platon en représente le côté poétique. Si l'un élève l'âme, l'autre la fortifie. Si Platon nous fait entrevoir l'idéal, Aristote nous démontre ce qu'il y a de certain dans la philosophie : aussi en est-il demeuré le plus savant interprète. Je suis justifié, je pense, d'avoir pris un tel guide.

II.

Cependant, messieurs, tout n'est pas sans reproche dans l'Organon, même à n'y considérer que le syllogisme et la démonstration. J'ai déjà insinué que la première de ces deux théories est défectueuse en quelques endroits. Sans parler des omissions qui ont été reprochées à Aristote, mais que personne après lui n'a réparées, comme par exemple l'analyse des syllogismes hypothétiques, il est certain qu'il n'a pas décrit tous les modes possibles du syllogisme proprement dit ; qu'il n'a pas distingué nettement la première et la quatrième figure ; que ce qu'on a appelé la théorie des *modales* tient une trop grande place dans les *Premiers Analytiques*, et que l'on y rencontre plusieurs assertions un peu arbitraires. Aristote n'a pas non plus examiné en détail certaines formes d'argumentation, telles que le prosyllogisme, l'épichérème et le dilemme, quoiqu'il ait dit en passant presque tout ce qu'il est utile d'en savoir. Toutes ces imperfections ont été relevées très-souvent, et sans doute elles sont regrettables ; mais peut-être n'en devait-on pas faire tant de bruit ; car après tout elles portent sans exception sur des points secondaires et qui ont fort bien pu être négligés à dessein. Un défaut qui me paraît beaucoup plus fâcheux et qui me frappe davantage, c'est la subtilité excessive de certains détails, ce luxe d'analyse, cet abus de démonstration qui consiste à prouver même ce qui n'en a pas besoin, comme si l'on devait se servir de béquilles quand on peut marcher avec ses jambes. Il est vrai qu'on peut alléguer ici plus d'une excuse en faveur d'Aristote. Il faut d'abord tenir compte de la nature même d'une science où le raisonnement joue un si grand rôle : il n'est que trop facile dans une étude de ce genre, en mathématiques par exemple, de se laisser aller à des curiosités inutiles à la science, mais où brille la faculté d'analyse déductive. Puis, comment Aristote aurait-il échappé à cette contagion de vaine subtilité si commune chez les Grecs, surtout chez les Athéniens, et qui, après avoir produit la sophistique, atteignit les écrivains les plus distingués, Euripide, Platon lui-même? Enfin n'était-il pas naturel et inévitable que l'inventeur du syllogisme, se complaisant dans son œuvre, en développât les différentes parties avec un peu d'excès?

Toutes ces causes suffiraient et au delà pour expliquer chez tout autre qu'Aristote les défauts que j'ai signalés. Mais pour lui, elles ne me semblent pas suffisantes. Partout ailleurs en effet que dans sa logique, il est aussi sobre de détails que profond dans ses vues; partout ailleurs, il a évité les subtilités inutiles; et dans sa logique même, j'ai rappelé des preuves de la mesure parfaite avec laquelle il a développé sa découverte, là où il était le plus difficile de garder cette mesure. S'il en a manqué là où il était plus facile de le faire, c'est qu'il était sous l'empire d'une autre cause beaucoup plus puissante : je veux parler de la méthode qu'il a suivie dans cette prodigieuse analyse du syllogisme.

Le syllogisme n'est pas le raisonnement; il n'en est que la forme. Or c'est évidemment le procédé intellectuel qu'Aristote voulait étudier : il le déclare lui-même, lorsqu'il dit que c'est à la parole intérieure que s'adresse la démonstration. D'où vient donc qu'il n'a l'air de s'occuper le plus souvent que de la parole extérieure? Pour atteindre la pensée, pourquoi ce détour? Pour analyser le raisonnement, pourquoi s'arrêter au langage? Avec nos habitudes modernes de réflexion, nul logicien de nos jours ne commettrait cette faute. Telle est cependant la faute capitale et constante d'Aristote; c'est par là, on peut le dire, qu'il a payé son tribut à la faiblesse humaine. Nulle part en effet, dans sa logique, il n'observe la pensée en elle-même. Les idées ne semblent exister à ses yeux que réalisées dans des mots : pour s'en convaincre, on n'a qu'à ouvrir le traité des *Catégories*. Il ne voit le jugement que dans la proposition : témoin le περὶ ἑρμηνείας. De même enfin, il confond et identifie si bien le raisonnement et le syllogisme, qu'il n'a qu'un mot, συλλογισμός, pour désigner ces deux choses distinctes, un acte intime de notre esprit et le signe visible par lequel cet acte est traduit au dehors. Je reconnais qu'il peut y avoir quelque avantage à étudier ainsi la pensée dans le langage, lorsqu'elle y est fidèlement rendue. Une telle méthode peut paraître plus facile; en nous attachant à une forme déterminée, elle empêche les divagations; peut-être même cette attention accordée au langage a-t-elle contribué à la merveilleuse précision qu'on admire dans les écrits d'Aristote. Mais combien les inconvénients ne l'emportent-ils pas sur les avantages! D'abord, c'est un chemin détourné, indirect, et qui ne va pas jusqu'au but. Aristote y a atteint, grâce à son génie, c'est-à-dire à son instinct supérieur; mais l'instinct même heureux n'est pas la science. Ensuite, quand on cherche ainsi le raisonnement dans ses mille traductions, comment savoir laquelle est la véritable, la seule légitime? Ici encore, c'est une sorte d'inspiration qui a guidé Aristote; et quand il a voulu transmettre cette vue profonde, mais hypothétique, il a été forcé, pour l'établir, de se livrer à un examen minutieux de toutes les formes connues du raisonnement et de la discussion, et de prouver, en les prenant une à une, que toutes elles pouvaient être ramenées au syllogisme. De là cette surabondance dont je me plaignais tout à l'heure, et qui était pour Aristote une nécessité. Eh bien, même avec ce luxe de détails, la démonstration de sa thèse principale pèche encore par deux points : premièrement, en ce que l'on n'est jamais sûr d'avoir examiné toutes les transformations possibles du syllogisme, quel que soit le nombre de celles qu'on a étudiées ; secondement, en ce que, tout ce travail terminé, on n'en voit pas encore nettement le résultat, parce que nulle part on n'a rencontré une description de la faculté même dont la connaissance est à la fois le principe et le but de cette théorie tout entière.

Aristote a donc suivi dans l'analyse du raisonnement une méthode vicieuse, et qui aurait précipité tout autre que lui dans des erreurs sans nombre ; il lui a fallu, pour s'en garantir, une force d'esprit incroyable, et j'avoue que c'est pour moi un grand sujet d'admiration de le voir toujours si assuré là où tant de dangers l'entourent et le menacent. Mais, en vérité, il aurait épargné à ses successeurs et à lui-même une peine inutile, s'il eût suivi la route bien plus directe qui s'offrait à lui. Au lieu de chercher la pensée dans le langage et le raisonnement dans le syllogisme, c'était le contraire qu'il devait faire. Puisqu'il s'agissait d'un acte de l'esprit, c'était l'esprit lui-même qu'il fallait interroger, et cela par le moyen le plus simple et le plus familier à l'homme, je veux dire avec les yeux de l'esprit. L'homme se connaît lui-même à chaque instant, avec une certitude parfaite, dans ses actes et dans ses manières d'être ; cette connaissance est la première et la plus évidente de toutes celles que nous pouvons acquérir, et la condition de toute la science humaine. « Qui connaît ce qui est dans l'homme, a dit saint Paul (1), si ce n'est l'esprit de l'homme qui est en lui? » La sagesse des païens avait reconnu cette vérité et l'avait inscrite sur le temple le plus célèbre de la Grèce. Socrate en avait fait le précepte essentiel de sa philosophie. Aristote, héritier de Socrate et de Platon, aurait dû s'en mieux souvenir. Mais comment nous étonner de cet oubli de la vraie méthode, quand nous voyons les philosophes modernes faire comme les successeurs de Socrate, et cela après l'enseignement autrement clair, autrement fort, autrement explicite de Descartes ? De nos jours même, nous préconisons souvent la psychologie ; combien de fois l'appliquons-nous ? C'est qu'il en est de la méthode dans la science comme de la vertu dans la vie, la vertu, cette méthode du bien. On se promet de la suivre, et à chaque pas on l'abandonne. Et pourtant, la méthode est le salut de la pensée : tout bon esprit se fortifie en la pratiquant ; le plus sublime génie ne la néglige pas impunément.

Sans sortir du sujet qui nous occupe, voulez-vous connaître les effets d'une bonne méthode ? Vous n'avez qu'à prendre la logique de Port-Royal, et à la rapprocher de l'Organon. Certes Arnauld et Nicole ne sont pas des logiciens de la force d'Aristote ; il y paraît assez dans leur œuvre, dénuée d'invention et de portée, aussi bien que de foi dans la science. Mais tout en reproduisant, avec la seule intention de la simplifier et de la rendre « plus divertissante, » la théorie péripatéticienne du syllogisme, ils la présentent de telle sorte qu'ils font mieux com-

---

(1) 1ʳᵉ *Ép. aux Corinthiens*, ch. II, § 11.

prendre la nature du syllogisme en deux ou trois pages qu'Aristote en un volume. D'où leur vient cette supériorité inattendue ? Tout simplement de l'ordre qu'ils ont adopté, expliquant d'abord la nature du raisonnement, puis celle du syllogisme, suivant l'esprit tout psychologique du cartésianisme, dont ils étaient pénétrés, peut-être sans le savoir. Car ce qu'il y a de précieux dans l'exemple que je vous soumets en ce moment, c'est qu'on y voit la méthode agissant par sa seule force, et sans que ceux même qui l'emploient s'en soient rendu compte. Voici une preuve sans réplique de ce que je viens d'avancer : les logiciens de Port-Royal ont si peu su pourquoi ils traitaient d'abord du raisonnement, puis du syllogisme, qu'il ne les distinguent pas une seule fois l'un de l'autre, et qu'après avoir décrit le raisonnement comme opération de l'esprit, ils lui substituent le syllogisme sans paraître se douter qu'ils ont fait autre chose qu'une synonymie.

Si la méthode psychologique procure un si grand avantage en logique, alors même qu'on l'ignore en la suivant, que serait-ce si on la pratiquait sciemment ! Supposez qu'elle fût ainsi appliquée, je ne dis pas par un Aristote, ni même par un Arnauld, mais par le premier logicien venu : n'avons-nous pas lieu de penser qu'elle renouvellerait et la théorie du syllogisme et la logique tout entière, en la faisant sortir de ces formules stéréotypées avec lesquelles on la confond depuis si longtemps ?

Le premier changement à introduire dans la théorie du syllogisme d'Aristote porterait évidemment sur l'ordre des parties de cette théorie. L'étude psychologique du raisonnement serait faite avant tout ; on saurait dès le début de quoi l'on traite et où l'on va. Le raisonnement étant une opération par laquelle l'esprit établit un rapport entre deux idées à l'aide d'une troisième qui leur a été comparée tour à tour, il est clair que ces trois termes de la pensée sont combinés deux à deux dans trois jugements, dont les deux premiers sont les principes et le troisième la conséquence. Cela posé, si l'on veut exprimer au moyen de la parole ce travail intellectuel, chaque idée étant représentée par un mot et chaque jugement par une proposition, il est encore très-clair que la traduction complète du raisonnement se composera de trois propositions où trois termes, pris deux à deux, seront disposés et entrelacés de telle sorte que, deux de ces proposisions étant admises, la troisième se trouvera établie du même coup. Qui ne reconnaît là le syllogisme avec ses prémisses et sa conclusion, et qui ne voit, par ce court exposé, que le syllogisme est la seule expression fidèle et rigoureuse du raisonnement, participant de sa certitude, de son utilité, de son importance? Ainsi, par une simple réminiscence de la psychologie, on échappe à ces deux erreurs si communes, ou bien de confondre un procédé de l'esprit avec sa forme parlée, comme semblent le faire tous les logiciens depuis Aristote jusques et y compris Port-Royal, ou bien de s'imaginer, avec une grande partie du vulgaire, que le syllogisme est une espèce de raisonnement. La vérité est entre ces deux opinions. Le syllogisme n'est pas un argument particulier, puisqu'il n'y a pas un argument déductif qui ne doive et ne puisse aisément y être ramené; mais il n'est pas non plus le raisonnement lui-même : il en est la forme claire, complète, adéquate. Vous voyez, sans qu'il soit besoin de pousser plus loin cette analyse, que la nature, les lois et les propriétés du syllogisme se peuvent déduire aisément de la nature du raisonnement une fois connue. Maintenant supposez qu'un mot ait une acception bien définie : ce mot représentera une idée, et comme il ne représentera qu'elle, il pourra nous servir à la rappeler et à la combiner avec d'autres idées. Supposez qu'un jugement, affirmatif ou négatif, soit fidèlement exprimé en une proposition qui le contienne tout entier et ne contienne que lui : vous mettez par là sous vos yeux, vous faites entrer dans vos oreilles, à la faveur de cette forme saisissable, ce qui par soi-même ne tombe sous aucun de vos sens. Cet avantage sera bien plus frappant, si, au lieu d'une seule idée ou d'un seul jugement, il s'agit de cette combinaison de jugements le plus souvent abstraits qu'on appelle raisonnement. Voilà l'unique raison pour laquelle en logique on étudie le syllogisme, et c'est encore la psychologie qui nous la fait connaître. On substitue le syllogisme au raisonnement, parce qu'il est plus facile à étudier dans le détail, et on a le droit de le lui substituer, parce que seul il l'exprime et n'exprime que lui.

Mais à quoi bon cette étude du raisonnement ou du syllogisme? Pour apprendre à bien raisonner. La théorie logique du syllogisme doit donc aboutir à des conseils, à des règles, à une méthode d'invention. Or, si toutes les fois que l'esprit raisonne, il connaît la proposition qui est à prouver, il ne s'agit pour lui que de faire passer cette proposition de l'état de question à l'état de chose démontrée ou de conclusion, et cela par l'invention d'un moyen terme. C'est ainsi que l'entend Aristote, et après lui tous les logiciens. Eh bien, il suffit de se rappeler la vraie nature du raisonnement, pour reconnaître qu'il y a lieu de réformer, pour l'agrandir, cette partie si importante de la science syllogistique. Essayons, en effet, de prendre notre entendement sur le fait, au moment où il raisonne ; voyons quelle est alors sa marche naturelle, et si elle est toujours la même. A quel propos raisonne-t-on ? Souvent c'est au sujet de quelque opinion douteuse : une question s'offre à l'esprit, le divise d'avec lui-même et l'oblige, pour sortir de cette inquiétude, à prendre parti entre l'affirmation et la négation. Je m'avise, par exemple, de douter s'il m'est bon d'être doué de raison, ou, en simplifiant les termes, si la raison est un bien : je suis conduit à chercher dans l'analyse de ces deux idées; *raison*, *bien*, une troisième idée qui y entre comme élément commun, quoiqu'à des titres différents, je trouverai, par exemple, l'idée de *sagesse*, et une fois en possession de ce terme de comparaison, j'établirai que la raison est un bien, sur ce double principe, que la sagesse est un bien, et qu'elle est impossible sans la raison. Autre exemple : suis-je en doute pour savoir si toute passion est blâmable ? En décomposant dans ses parties le terme *passion*, j'y trouverai la haine du vice, la pitié pour le malheur, l'enthousiasme pour le bien, tous sentiments dignes d'éloge, et dont chacun pourra me servir de terme moyen pour démontrer que toute passion n'est point blâmable. Tous les livres de logique contiennent de nombreux exemples de cette opération de l'esprit par laquelle, une question étant proposée, on a recours à quelque idée intermédiaire qui en donne la solution. C'est ainsi, en effet, que l'on s'y prend pour affirmer ou nier avec confiance ce qui était d'abord douteux, mais connu jusqu'à un certain point, et l'esprit raisonne souvent de cette manière, surtout lorsqu'il le fait avec réflexion et de propos délibéré. Mais ne nous arrive-t-il jamais de raisonner autrement, je veux dire sans réflexion, sans recherche, et sans connaître d'avance la conclusion à laquelle nous devons aboutir ? Je prendrai encore un exemple très-simple pour expliquer ma pensée. Je suppose que, sans avoir jamais étudié la géométrie, j'aie cependant cette notion certaine, que la ligne droite est le plus court chemin d'un point à un autre. Ayant cette notion, si je viens à considérer le plus grand côté d'un triangle, la seule idée que ce côté est une ligne droite étant rapprochée, même fortuitement, du principe que j'énonçais tout à l'heure, me conduit à cette conséquence nécessaire, que le plus grand côté d'un triangle est plus court que la somme des deux autres. Or cette proposition m'est devenue évidente tout d'un coup, sans autre préparation ; je l'ignorais tout à fait, et je viens de la découvrir : par quel procédé, je vous prie, sinon par le raisonnement ? N'y a-t-il pas ici comme tout à l'heure un sujet, — ce côté du triangle, — dont on affirme un attribut, — plus court qu'une longueur donnée, — à l'aide d'un terme moyen, — la notion de la ligne droite ? Dans ce cas et dans tous ceux qui lui ressemblent, il ne s'agit pas le moins du monde d'établir une thèse déjà énoncée, de démontrer ce qui était obscurément entrevu, en un mot de *prouver* ce qui était en question. C'est tout le contraire : au lieu de remonter de la conséquence à ses principes, on descend des principes à la conséquence qu'ils contenaient à notre insu ; on ne prouve pas, on *déduit* dans toute la force de cette expression. Et croit-on qu'il soit bien rare de raisonner ainsi ? Qu'on le sache ou qu'on l'ignore, c'est le plus fréquent et peut-être le plus utile emploi du raisonnement ; tous les raisonnements involontaires se présentent à nous sous cette forme, et parmi les démonstrations scientifiques, celles-là seules sont fécondes, celles-là seules conduisent à des découvertes, qui procèdent ainsi, suivant l'objet même de la science, du connu à l'inconnu. Voilà ce que donne une analyse exacte de l'intelligence, et cette distinction incontestable transportée de la psychologie à la logique, y donne le résultat le plus inattendu. S'il ne s'agit pas toujours, deux termes étant donnés, de trouver un moyen terme pour établir entre eux un rapport; s'il est question aussi, le moyen terme d'un syllogisme étant donné, d'en tirer ce qui y est contenu; si enfin le raisonnement ne consiste pas seulement à prouver ce qui est en question, mais aussi et surtout à déduire de principes connus des conséquences inconnues jusque-là, il en résulte que les règles du raisonnement ne sauraient se borner à l'invention de la preuve ou du moyen terme, et qu'à la vieille et superficielle méthode des lieux communs, ou même à la méthode exacte et profonde, mais étroite, proposée par Aristote au Ier livre (ch. 27 et suiv.) des *Premiers Analytiques*, il faut ajouter des règles plus utiles et toute une méthode d'invention déductive. Ainsi, la psychologie, après avoir assis cette vénérable théorie du syllogisme sur une base nouvelle et plus solide, lui restitue son utilité méconnue, en étendant son domaine et en la transportant de la sphère des discussions oratoires dans celle de la science.

Qu'ai-je besoin de poursuivre et de montrer longuement ce que la méthode psychologique est en état de faire pour l'avancement de l'art de penser? N'est-il pas évident pour vous que cette méthode peut enfanter des prodiges, puisqu'elle est capable de renouveler dans ses principes et dans ses plus grands résultats une science qui passait pour morte? Une telle révolution dans la syllogistique entraîne une foule de modifications partielles qu'il n'est pas besoin de vous énumérer; je n'ajouterai qu'un mot sur ce sujet. Avec ce guide merveilleux de l'analyse psychologique, on ne se perdra plus dans des détails oiseux, dans d'inutiles subtilités. Du jour où l'on voudra sérieusement que l'art se règle sur la nature, on ne tiendra plus compte que de ce qui intéresse l'esprit humain ; on pourra rendre raison de tout ce qui entrera dans la théorie du syllogisme ; si on juge à propos d'étudier encore les modes et les figures, on saura du moins pourquoi et dans quel but ; on saura jusqu'où l'on peut aller dans cette analyse, et où l'on doit s'arrêter ; enfin, grâce au sentiment vrai de ce qui se passe en nous, on gardera la juste mesure qu'Aristote ne pouvait observer, et que les scolastiques n'ont jamais connue.

La psychologie ne renouvellera pas seulement l'étude du syllogisme ; elle est encore appelée à perfectionner la théorie d'Aristote sur la démonstration. Cette théorie, je dois l'avouer, est beaucoup moins parfaite qu'on ne serait tenté de le croire, en voyant qu'aucune modification sérieuse n'a été essayée dans cette partie de la science. On ne lit guère les *Derniers Analytiques*, et il en résulte qu'on n'a pas assez remarqué la relation intime qui existe entre la théorie de la démonstration d'Aristote et le reste de sa doctrine ; on ne sait pas assez que l'Analytique est liée d'une manière à peu près indissoluble à la Métaphysique, et qu'elle participe de l'imperfection du système qu'elle était destinée à établir. La méthode d'Aristote se ressent de ses origines, et c'est par là que je m'explique ses défauts.

Tous ceux qui ont étudié les systèmes philosophiques de la Grèce, savent que le problème de l'essence des choses y occupe la première place. Même avant Socrate, ce problème avait été soulevé par Pythagore et par les philosophes de l'école d'Élée. Socrate, ayant à revendiquer contre les sophistes et les matérialistes la certitude de la pensée, avait essayé de rendre à la science un objet fixe, au-dessus des apparences sensibles, en s'élevant par voie d'induction à l'universel, au genre, à l'essence des êtres réels. Platon, suivant l'exemple de son maître, n'admit aussi de science que de l'universel où il chercha également la nature idéale de toutes choses. L'induction que lui avait léguée Socrate le conduisait aux genres; sa méthode propre lui découvrait, par delà les genres, les idées ou types immortels des choses périssables; puis d'idée en idée, il s'élevait jusqu'à la conception de l'essence suprême. Une fois en possession des idées, il les employait à définir les êtres, au moyen de la division par genres. Toute la philosophie d'Aristote, comme celle de Platon, est une réponse au problème de l'essence; et tel a été son système, telle est aussi sa méthode. Le syllogisme remplaçant pour lui la division dialectique, est appliqué comme elle aux genres et aux espèces, c'est-à-dire aux éléments de la définition. Aristote ayant réduit tous les objets de nos recherches à un seul, l'essence, et ayant donné à la science pour instrument le syllogisme, devait dire et a dit en effet, non-seulement que le syllogisme scientifique doit employer l'essence, mais encore qu'il est destiné à la faire connaître. C'est là une erreur, une exagération évidente : car je vous le demande, est-ce là le rôle de la méthode démonstrative, je ne dis pas dans les sciences pratiques, où il n'est guère question d'essence, mais même dans celles qui semblent prêter le plus à la théorie d'Aristote, dans la géométrie par exemple ? Nullement, messieurs; la nature et l'essence des figures dont la géométrie étudie les propriétés, sont données dans les définitions préliminaires sur lesquelles s'appuient les démonstrations; elles ne sont pas elles-mêmes des objets de démonstration. Certes Aristote n'ignore pas que l'essence appartient à la définition; mais il voudrait, sans se l'expliquer, qu'elle fût connue à l'aide du syllogisme démonstratif. De là un parallèle des plus ingénieux entre ces deux procédés, dont il montre si bien les ressemblances, qu'il est ensuite très-embarrassé pour les distinguer l'un de l'autre. Aussi, lorsqu'il passe de sa théorie logique à la science pour laquelle elle était faite, qu'arrive-t-il? Aristote confond absolument dans la pratique la définition et la démonstration, en sorte que sa méthode vue dans l'application ne répond plus à l'idée qu'on s'en faisait d'abord. C'est quelque chose de très-rigoureux et d'admirablement ordonné; mais ce n'est pas la méthode démonstrative : c'est plutôt une méthode de description savante. Quelles sont en effet les sciences qu'Aristote a traitées avec une perfection inimitable? Ce ne sont pas les mathématiques, ce n'est pas même la physique; mais c'est tout ce qui procède à la fois par description, par division, par analyse et par définition; c'est, en un mot, l'histoire naturelle en tout genre, celle des corps et celle des esprits, l'*Histoire des animaux* et la théorie du syllogisme.

Pour réparer cette méprise d'Aristote, pour remédier à tous les défauts que la critique peut relever dans sa théorie de la démonstration, il suffit de faire appel à la psychologie. Par une analyse exacte de la pensée, on rétablira la vérité des faits; par ce moyen seulement, on pourra dresser une liste complète des problèmes que se pose l'esprit, remettre en sa place légitime la question de l'essence, bannir de la logique la confusion, trop fréquente chez les anciens, de l'abstrait et du nécessaire, rendre la démonstration à son véritable objet, et faire à chaque procédé sa part dans le travail total de l'intelligence.

Je borne ici ce que j'avais à dire de la démonstration et du syllogisme : aussi bien avais-je l'intention de vous rappeler l'esprit de ce cours, et non le détail de toutes les questions que j'y ai soulevées. Vous voyez cependant, par ce qui précède, quels sont les points principaux sur lesquels ont porté mes leçons pendant toute une année. Le sujet était sévère ; les détails où j'ai dû entrer étaient souvent ingrats ; j'ai été soutenu dans ma tâche par votre bienveillante attention et par cette consolante pensée, que la philosophie profite de tous les dévouements, quelque obscurs qu'ils soient. Le plus souvent je me contentais d'exposer Aristote étudié en lui-même, et non dans ses commentateurs. Parfois aussi, fort de ma conviction, j'essayais contre lui une critique toujours respectueuse, mais toujours ferme et indépendante, pratiquant à son égard une maxime que lui-même a proclamée très-haut : « Le philosophe doit s'attacher, non à ce qui est ancien, mais à ce qui est vrai. »

III.

Si la logique était uniquement l'art de raisonner, la méthode déductive étant son unique objet, je n'aurais plus qu'à recommencer demain la même étude, sauf à y apporter une attention plus curieuse, afin d'approfondir tout ce que j'ai dû me contenter d'effleurer ; et certes il me resterait beaucoup à faire. Mais il n'en est pas ainsi : je n'ai jamais eu la prétention de mener à fin une pareille tâche ; mon seul dessein est, en parcourant les différentes parties de la logique, de montrer par quelques exemples l'influence trop peu étudiée de la psychologie. Or la déduction n'est qu'une manière de penser entre beaucoup d'autres ; outre le raisonnement, l'esprit humain a d'autres ressources, soit pour la science, soit pour la conduite de la vie ; l'art de penser est donc plus large que l'analytique et ne saurait être borné au syllogisme. Ce point étant à mes yeux d'une certaine importance, je vous demande la permission de le développer en finissant.

La méthode démonstrative joue dans la science un rôle considérable, et j'y insistais moi-même tout à l'heure. Mais il est d'autres méthodes, sinon d'application, au moins d'invention ou de théorie. L'objet propre de la déduction est de nous faire connaître avec certitude les conséquences des principes que nous avons admis ou des hypothèses que nous avons conçues. La démonstration, comme l'a si bien prouvé Aristote, suppose toujours des principes préalables, dont la connaissance lui échappe. Les faits, les lois, les principes premiers en tout genre, c'est-à-dire les notions dont tout le reste dépend, sont hors de sa portée. Une théorie logique de l'intelligence doit donc embrasser d'autres procédés que le raisonnement; il n'est pas même au premier rang, comme moyen d'invention : car sa fonction scientifique n'est pas de faire des découvertes, mais de les faire valoir.

Il est encore plus facile de s'assurer que le raisonnement n'est pas tout dans la pratique. Entre toutes les opérations intellectuelles de l'homme, la déduction est à coup sûr celle qui, par sa nature, devrait influer le plus sur la vie : car c'est le procédé pratique par excellence. La perfection de la vie humaine est d'être conforme aux principes que la lumière intérieure nous révèle, et que nous savons être les meilleurs. Si donc l'homme était parfait, ou s'il n'avait d'autre faculté de penser que le raisonnement appliqué aux notions de moralité qui lui sont naturelles, toute sa conduite dirigée d'après un même plan se composerait d'actes qui s'accorderaient tous ensemble, et qui, par l'unité du but, formeraient un système unique. En est-il ainsi, messieurs? La question doit vous paraître singulière, presque ridicule, tant le défaut de conséquence, ou, comme on dit, de logique, est frappant dans la conduite de chacun et dans les affaires humaines en général. C'est qu'à côté de cette faculté impassible et incorruptible qu'on appelle le raisonnement, il y a d'abord les passions, ces terribles sophistes, toujours prêts à troubler notre faible jugement, ennemis invisibles et d'autant plus dangereux, qui se glissent dans notre âme presque à notre insu pour y porter le ravage, en disposant la volonté à la révolte contre le devoir et la raison. Puis dans l'intelligence elle-même, toutes les facultés se tiennent et se développent sous l'influence les unes des autres. Le raisonnement est soumis à cette loi, et dans un esprit mal réglé il n'occupe même pas sa place légitime.

Essayons, messieurs, de nous représenter le mécanisme général des facultés intellectuelles, de le décomposer en ses principaux éléments, et de comprendre la part de chacun d'eux, et en particulier du raisonnement, dans le travail de l'esprit. Je parle ici de l'homme, non du savant ou du philosophe; c'est le mouvement spontané de l'intelligence que je voudrais saisir et retracer, non cette marche savante qui plus tard est adaptée à la puissance de connaître.

Tout homme porte en lui le désir de savoir. Quels sont les moyens que la nature lui a départis pour atteindre à cette noble fin?

Nos premières connaissances nous viennent de ces trois sources : les sens, la conscience et la raison. Les sens sont la faculté multiple qui nous met en relation avec le monde extérieur. Cette faculté, certaine dans son principe, mais limitée dans son action et subordonnée jusqu'à un certain point aux organes qui ont été mis à son service, n'atteint son objet que d'une manière très-incomplète. Elle nous fait connaître les corps, mais nous en a-t-elle jamais révélé la nature? Nul de nous ne sait la nature des corps. Il y a plus; nous n'en percevons même pas les qualités en elle-mêmes, mais seulement l'effet de ces qualités sur nous. Par les sens en un mot, nous ne connaissons avec certitude que ce qui nous paraît et tel qu'il doit nous paraître dans l'état de nos organes ou instruments de perception. Mais nous avons en nous-mêmes un autre moyen d'information, la conscience, qui aperçoit avec la même certitude non-seulement nos relations, mais encore nos véritables manières d'être, et qui nous donne la connaissance plus précieuse encore et non moins véritable du sujet simple, identique et contingent, auquel appartiennent ces actes de pensée, d'amour, de liberté. Enfin, au-dessus de toute cette contingence, nous concevons par notre raison la vérité nécessaire, où nous plaçons instinctivement le principe de tout ce qui a commencé d'être. Ainsi, par le moyen de ces trois facultés, les sens, la conscience et la raison, la vérité nous apparaît naturellement sous ses deux faces, le nécessaire et le contingent, ce qui est et ce qui doit être, les faits et les principes. Mais qu'en savons-nous? Bien peu de chose assurément. Songez en effet à tout ce qui est, et avouez avec moi que le plus savant d'entre nous n'en connaît qu'une partie imperceptible ; qui pourrait même évaluer en une fraction assez petite pour n'être pas excessive, ce que nous connaissons, comparé à ce que nous ne connaissons pas? Tel est notre point de départ, et que voudrions-nous savoir? Tout : la nature, l'origine, la destinée de tout ce qui nous entoure, aussi bien que de nous-mêmes. La science à laquelle nous aspirons est l'explication de tout ce que nous connaissons et de tout ce que nous ne connaissons pas, l'explication, dis-je, de tous les faits du monde physique et du monde moral par leurs principes; et ces principes, nous n'en savons qu'une chose, mais nous sommes seuls à la savoir : c'est qu'ils existent, c'est qu'il y a une vérité suprême, éternelle, immuable, infinie, refuge assuré de notre intelligence dans cette fluctuation de phénomènes divers et périssables. Épris de la vérité sur le peu que nous en voyons, nous voudrions la posséder tout entière. Quels sont, encore une fois, nos moyens pour y atteindre? Les voici en peu de mots.

Par la mémoire, nous conservons et rappelons les connaissances déjà acquises en nous aidant de signes qui les fixent et les perpétuent dans notre esprit. Le langage a encore cette autre fonction d'accroître la somme de nos idées en y ajoutant celles de nos semblables, tous solidaires avec nous dans cette recherche du vrai. La comparaison multiplie toutes ces idées par la notion de leurs rapports. A l'aide de l'abstraction et de la généralisation, nous rangeons la multitude des faits réels en un certain nombre de groupes auxquels nous attribuons une existence fictive et provisoire. Ces groupes sont ensuite divisés en genres et en espèces et distribués par ordre de généralité; en un mot, nous les classons. Alors vient l'induction, qui découvre ou devine les lois propres à chaque classe de phénomènes et qui éclaire la notion des effets par celle de leurs causes. Enfin c'est l'office du raisonnement de tirer les conséquences de ces lois et de ces principes, véritables ou présumés, pour expliquer par leur moyen toutes choses. Tout ce travail de notre intelligence se résume en un double effort : s'élever des effets aux causes, descendre des causes aux effets. Pour nous exciter et nous soutenir, deux facultés agissent en nous sans relâche : la faculté du nécessaire, la raison, lumière divine qui nous montre le but et nous y conduit, et la faculté de l'idéal, l'imagination, qui nous fait sentir les misères du réel, l'insuffisance des faits à s'expliquer eux-mêmes, et qui, en offrant aux yeux de l'esprit les splendeurs du monde intelligible, lui fait aimer la beauté éternelle des principes. De là cette activité infatigable qui s'efforce de combler pour ainsi dire l'intervalle de la terre au ciel, en élevant cet immense et fragile échafaudage de notions intermédiaires, où l'esprit monte par degrés jusqu'à la vérité pure, immuable, infinie.

En comparant la grandeur de l'entreprise avec la faiblesse des moyens, vous vous dites peut-être en vous-mêmes qu'il y a témérité à chercher une connaissance impossible et qu'on ne peut sans folie tenter cet effort, ambitieux jusqu'à l'impiété. Mais rappelez-vous à ce sujet les belles paroles d'Aristote : « Supposons, dit-il (1), que la vie de l'entendement pur soit plus qu'humaine. Eh bien, l'homme vivra donc, non comme un homme, mais suivant ce qu'il y a en lui de divin; il s'élèvera ainsi au-dessus de l'humanité même, autant que la vertu divine de la raison est au-dessus de toute autre qualité. Pour être mortel, est-on obligé de ne penser qu'aux choses mortelles et périssables? Pourquoi ne nous serait-il pas permis d'aspirer à l'immortalité, conformément à ce qu'il y a de meilleur en nous? » En effet, messieurs, c'est la nature, c'est Dieu lui-même, auteur de la nature, qui nous a invités à la science en nous en fournissant les premiers éléments, en nous faisant faire les premiers pas; en nous révélant les premières lueurs de la vérité : connaissance bien imparfaite à notre gré, mais dont la possession a suffi pour nous ravir d'espérance. La nature a mis en nous la promesse de la science, ou plutôt la science elle-même, le jour où elle nous a donné ce double instrument de nos conquêtes intellectuelles : l'induction, qui cherche, découvre ou suppose, et la déduction, qui cherche aussi, qui applique et contrôle. La science n'est donc pas impie; elle est au contraire, à son origine, une sainte aspiration vers la source infinie de toute lumière comme de tout bien. Elle n'est devenue un acte libre de notre volonté qu'après avoir été un conseil de la nature. Avant toute réflexion, nous nous sommes élevés du particulier au général, image du nécessaire; avant toute réflexion aussi, nous

---

(1) *Morale à Nicomaque*, l. X, ch. 7.

avons essayé d'appliquer les idées aux faits, dès que nous pensions avoir saisi quelque ombre de la vérité.

Le raisonnement résume toute cette seconde partie du travail naturel de l'intelligence qui consiste à chercher les conséquences des idées nécessaires et des idées générales. La découverte, ou du moins la recherche des lois et des principes, est le partage de l'induction.

Vous voyez, messieurs, le rôle du raisonnement; vous connaissez d'ailleurs la puissance de ce procédé, soit pour rendre utile la vérité une fois découverte, soit pour détruire l'erreur en en montrant les effets; vous savez avec quelle irrésistible évidence, avec quelle certitude infaillible il contrôle ou applique les principes en les éprouvant par leurs conséquences. Vous pouvez juger maintenant de la part qu'on doit lui faire. Il est hors de doute que le raisonnement doit occuper une grande place dans la science humaine, mais on peut affirmer avec la même confiance qu'il n'en est pas l'unique méthode. Il est donc bien démontré que la science de la méthode, la logique, n'est pas renfermée tout entière dans l'étude du syllogisme.

Il est temps de conclure ce discours déjà trop long. Après vous avoir rappelé la double théorie d'Aristote sur le syllogisme et la démonstration, après avoir montré par divers exemples quelles modifications la psychologie pourrait introduire dans cette théorie, je viens d'établir que la logique déductive n'est pas toute la logique. Il me reste à vous dire quelle partie de cette science nous devons étudier cette année.

Après le raisonnement, je viens vous proposer l'induction. L'analyse de cette faculté pourra vous paraître plus agréable que celle du syllogisme; pour moi, je la trouve plus périlleuse. L'induction représente l'audace intellectuelle de l'homme ; ses allures sont capricieuses ; tantôt elle ressemble à une démonstration, tantôt elle paraît être un mouvement désordonné de l'esprit; elle a les caractères de la science et ceux de l'hypothèse ; elle donne tour à tour l'erreur et la vérité ; la conviction qu'elle procure est tantôt solide comme la certitude, tantôt chancelante et faible comme le doute; elle revêt toutes les formes et reçoit toutes sortes de noms : généralisation scientifique, induction proprement dite, hypothèse, théorie, conjecture, analogie, etc. Un tel procédé ne semble-t-il pas échapper à l'analyse? Où trouver un Organon pour l'induction, comme il y en a un pour le syllogisme? Malgré les secours que peut offrir Bacon dans cette étude, ce n'est pourtant pas un guide que l'on puisse suivre avec la même sécurité qu'Aristote. Mais en mettant à profit tout ce qu'il a dit, en y ajoutant tout ce que d'autres ont pu dire sur l'induction avant et après lui, en s'aidant de tout ce que fournit l'histoire de la philosophie et de tout ce que donne la philosophie contemporaine, on peut espérer d'arriver tôt ou tard à une connaissance complète, et par suite à une théorie logique de ce procédé, qui a été jusqu'ici l'écueil des logiciens aussi bien que des psychologues.

Tel sera cette année le principal sujet de mes leçons.

Je m'efforcerai d'apporter dans cette étude la juste mesure qu'il est si difficile de garder entre des hardiesses légitimes et une folle témérité. Tout en faisant l'éloge du procédé inductif employé régulièrement et au profit de la science, je ferai la guerre à cette fausse induction qui serait mieux nommée esprit d'aventure, et à laquelle nous avons dû de nos jours tant de théories creuses et stériles, tant de rêves ridicules, tant de folies dangereuses. A nulle autre époque il ne fut plus utile qu'aujourd'hui d'imposer à l'esprit des règles fixes, à la pensée une sage discipline, à l'ambition intellectuelle un frein salutaire. C'est le devoir du philosophe et en particulier du logicien : pour ma part, s'il plaît à Dieu, je n'y faillirai point.

NOTE

SUR LE SYLLOGISME ET LA DIVISION DIALECTIQUE.

La division par genres de Platon, ai-je dit plus haut (p. 14), est l'origine du syllogisme. Voici une partie de la démonstration que j'en donnais à mes auditeurs le 8 mai 1851, dans la leçon d'ouverture du second semestre. Cette démonstration se réduisait à deux arguments principaux : 1° le témoignage, assez peu suspect, d'Aristote ; 2° un parallèle de la division dialectique et du syllogisme.

I. Témoignage d'Aristote, dans les *Premiers* et les *Derniers Analytiques*. — « On peut voir sans peine que la division par genres n'est qu'une bien faible partie de la méthode que nous venons d'indiquer ; cette division est un syllogisme impuissant..... Ceux qui ont employé la division n'ont pas compris comment on peut faire des syllogismes par cette méthode..... La division (considérée comme syllogisme) prend l'universel pour moyen..... Elle ne donne pas de conséquence nécessaire..... Elle suppose ce qui est à prouver..... Ainsi, ce mode de recherche ne peut convenir à toute investigation, et il n'est pas même applicable là où cependant il semblerait convenir le mieux. » (*Prem. Anal.*, trad. de M. B. Saint-Hilaire, l. I, ch. 31, *pass.*) — « La méthode de division ne parvient même pas à faire de syllogisme.....; elle ne démontre pas plus que l'induction..... En suivant cette méthode, on ne parvient pas à faire de syllogisme même pour les choses où le syllogisme serait cependant possible..... Nous avons dit jusqu'à quel point la division démontre..... La division fait nécessairement une pétition de principe. » (*Dern. Anal.*, l. II, ch. 5 et 13, *pass.*)

Les critiques qu'Aristote adresse à la méthode de division, et les développements dans lesquels il entre à ce sujet dans ces trois chapitres des *Analytiques*, confirment le double aveu qu'il a fait d'abord : 1° que la division est une partie de sa méthode syllogistique; 2° que l'on peut faire des syllogismes par le moyen de la division. S'il insiste ensuite sur les défauts de la méthode pratiquée par les disciples de Platon, son but est de montrer que Speusippe et les autres académiciens n'ont pas su tirer de cette méthode tout le parti que lui, Aristote, en a tiré.

II. Parrallèle entre le syllogisme et la division.

Platon attribuait une grande valeur à la division dialectique, comme le prouvent les dialogues du *Sophiste* et du *Politique*, consacrés à l'explication de cette méthode. Entre tous les exemples que donne Platon, je prendrai le plus simple. Il s'agit (dans le *Sophiste*) de définir la pêche à l'hameçon, que par une supposition préliminaire on a reconnue pour une espèce d'art. L'art comprend deux espèces : il consiste à faire ou bien à acquérir. Dans laquelle de ces deux espèces rentre la pêche à l'hameçon? C'est ce qu'on ne sait pas par la division; car on n'a le droit de rien conclure de ce qui précède, sinon que la pêche à l'hameçon est ou un art de faire, ou un art d'acquérir. Pour aller plus loin, il faut admettre par hypothèse qu'elle est un art de la seconde espèce. Or l'art d'acquérir se divise à son tour en deux espèces : il procède par un consentement mutuel ou par la violence. On suppose alors que la pêche à l'hameçon est de la seconde espèce. L'art d'acquérir avec violence est encore divisé en deux espèces, suivant qu'on a recours à la force ouverte ou à la ruse : dans le premier cas, c'est un combat; dans le second, c'est une chasse. A cette nouvelle division succède une autre supposition, après laquelle vient une autre division, et ainsi de suite, jusqu'à ce qu'on ait obtenu la définition cherchée. Voici le résumé que donne Platon lui-même de tout ce travail (*Soph.*, trad. de M. Cousin, p. 175) : « En divisant en deux parties l'art en général, nous y avons trouvé l'art d'acquérir; dans l'art d'acquérir, l'art d'acquérir par violence; dans l'art d'acquérir avec violence, la chasse; dans la chasse, la chasse aux animaux; dans la chasse aux animaux, la chasse dans le fluide; dans cette dernière espèce de chasse, nous avons pris la division inférieure, qui est la pêche; dans la pêche avec du fer, la pêche avec des crocs; enfin l'espèce de la pêche avec des crocs, qui consiste à blesser le poisson en le tirant de bas en haut, empruntant son nom à ces circonstances mêmes, s'est appelée la pêche à l'hameçon. »

Cet exemple suffit pour faire comprendre et la nature de la

division par genres, et le reproche capital qu'Aristote adresse à cette méthode, d'être une continuelle pétition de principe, ce qui est très-vrai, si l'on veut y retrouver le syllogisme. Mais pour apprécier les critiques par lesquelles Aristote développe sa pensée, et surtout pour comprendre la manière dont il a pu tirer le syllogisme de la division, il faut choisir quelqu'un des exemples encore plus simples que lui-même a proposés. Ainsi veut-on établir que l'homme est mortel, en partant du genre animal, auquel on admet que l'homme appartient? Ce genre contient deux espèces : tout animal est mortel ou immortel. Or il est facile de voir que cette division peut bien servir à démontrer quelque chose, savoir que l'homme étant animal est mortel ou immortel; mais elle ne démontre pas ce qui est à prouver, savoir que l'homme est mortel; pour l'admettre, il faut faire une hypothèse. Donc, de deux choses l'une, dit Aristote avec raison : « Ou la division suppose ce qui est à démontrer, ou elle conclut toujours un terme supérieur, » c'est-à-dire plus général que celui dont il s'agit. Voici d'où vient ce double défaut. La division, considérée comme syllogisme, procède toujours par propositions universelles et affirmatives, et par conséquent dans la première figure; et tandis qu'un syllogisme de cette sorte doit employer un moyen terme qui soit une espèce du majeur (ou attribut de la conclusion), la division, au contraire, prend pour moyen un genre : ce qui doit conduire à une conclusion trop générale ou à une pétition de principe; car, comme Aristote le fait observer, le genre n'est pas le principe de l'espèce, c'est l'espèce qui est le principe et la raison d'être du genre, comme elle en est la réalité. En effet, l'existence du genre animal ne démontre pas du tout l'existence de l'espèce homme; mais l'homme étant, l'animal existe nécessairement. Voici, du reste, les deux syllogismes, l'un vicieux, l'autre légitime, que l'on peut construire par la méthode de division.

1° Tout animal est mortel ou immortel;
Tout homme est animal;
Tout homme est mortel. (Pétition de principe évidente.)

2° Tout animal est mortel ou immortel;
Tout homme est animal;

Donc l'homme est mortel ou immortel. Conclusion légitime, mais qui passe par-dessus la conclusion demandée (l'homme mortel), parce qu'on a pris pour moyen terme le genre animal, qui comprend et dépasse le terme *mortel*, de manière qu'il comporte l'attribut général *mortel et immortel*, au lieu de prendre une espèce à laquelle l'attribut spécial de *mortel* conviendrait seul, par exemple *doué de sensation* (qui est une partie du genre *mortel*). Un syllogisme où cette espèce servirait de moyen prouverait ce qui est en question.

Tout ce qui est doué de sensation est mortel;
Tout homme est doué de sensation;
donc Tout homme est mortel.

Dans cet exemple, il s'agissait de démontrer un attribut de l'homme qui ne lui appartient pas en tant qu'animal, et dans ce cas particulier le terme animal était trop général pour servir de moyen. Il en serait autrement si l'on considérait l'homme en tant qu'animal et si l'on voulait démontrer un attribut contenu dans celui-là, par exemple qu'il est vivant. On aurait en effet le syllogisme :

Tout animal est vivant;
Tout homme est animal;
donc Tout homme est vivant.

Ici, c'est le genre animal qui est moyen; mais ce terme, qui est genre par rapport à l'homme, est espèce par rapport au terme vivant. Donc, c'est toujours l'espèce qui sert de moyen et qui donne la conclusion cherchée, par un progrès de l'espèce au genre, l'espèce *homme* impliquant le genre *animal*, lequel implique le genre *être vivant* dont il est une espèce. Ainsi, en divisant en ses espèces, non pas le genre le plus élevé, mais celui qui doit être l'attribut de la conclusion, on peut arriver à construire un syllogisme sur toute question posée, et c'est ce qu'on n'avait pas vu avant Aristote. Cependant la méthode de division, même ainsi entendue et corrigée, n'est qu'une partie de la méthode syllogistique. En effet, quand j'ai divisé le genre vivant en ses espèces : animal, plante, etc., pourquoi choisir pour moyen terme l'une de ces espèces plutôt qu'une autre? Je prends pour moyen l'espèce *animal*, parce que cette espèce est genre par rapport à l'homme; mais comment ai-je reconnu ce rapport? Par une autre division, très-différente de la première. Des deux termes de la question : *homme, vivant*, le dernier a été divisé en ses espèces et le premier au contraire est divisé en ses genres : car, si l'espèce est en un sens une partie du genre, le genre à son tour est, en un autre sens, une partie de l'espèce. L'homme étant, les genres suivants existent en lui et par lui : animal, mortel, bipède, doué de sensation, raisonnable, etc. Il y a donc aussi une division de l'espèce en ses genres, comme il y a une division du genre en ses espèces, et ces deux divisions réunies font trouver le moyen terme, c'est-à-dire le syllogisme lui-même. L'attribut de la question proposée étant divisé en ses espèces (ou antécédents), et le sujet étant divisé en ses genres (ou conséquents), tout terme qui se trouvera à la fois sur ces deux listes pourra servir de moyen, et autant il y aura de ces termes, autant il y aura de démonstrations possibles de la conclusion demandée.

Voilà, dans ses traits principaux, la méthode d'invention syllogistique exposée par Aristote dans les chapitres 27-30 du premier livre des *Premiers Analytiques*. « Par cette méthode, dit-il, une fois les principes connus pour chaque objet, nous pouvons nous charger d'en tirer des démonstrations régulières. Si dans la description du sujet on n'a rien omis de ce qui lui appartient, nous pourrons, dans tout ce qui est susceptible d'être démontré, découvrir la démonstration et l'exposer; et si la démonstration est naturellement impossible, nous pourrons encore rendre cela même évident. » Et il ajoute aussitôt: « On voit sans peine que la division par genres n'est qu'une bien faible partie de cette méthode. » (*Prem. Anal.*, liv. I, ch 30 fin et ch. 31, § 1, trad. de M. B. Saint-Hilaire.)

Si le rapprochement que je viens de faire, d'après les indications d'Aristote, entre le syllogisme et la division dialectique, ne démontre pas avec une entière évidence que la division a été la seule origine du syllogisme, je crois avoir prouvé du moins qu'Aristote a pu être conduit à cette découverte par la dialectique de Platon.

www.ingramcontent.com/pod-product-compliance
Lightning Source LLC
LaVergne TN
LVHW022205080426
835511LV00008B/1575